Lucas Zanga

DIEU ET LE CHANGEMENT

Lucas Zanga

DIEU ET LE CHANGEMENT

Un voyage vers une transformation profonde

Éditions Croix du Salut

Imprint
Any brand names and product names mentioned in this book are subject to trademark, brand or patent protection and are trademarks or registered trademarks of their respective holders. The use of brand names, product names, common names, trade names, product descriptions etc. even without a particular marking in this work is in no way to be construed to mean that such names may be regarded as unrestricted in respect of trademark and brand protection legislation and could thus be used by anyone.

Cover image: www.ingimage.com

Publisher:
Éditions Croix du Salut
is a trademark of
Dodo Books Indian Ocean Ltd. and OmniScriptum S.R.L publishing group

120 High Road, East Finchley, London, N2 9ED, United Kingdom
Str. Armeneasca 28/1, office 1, Chisinau MD-2012, Republic of Moldova, Europe
Managing Directors: Ieva Konstantinova, Victoria Ursu
info@omniscriptum.com

Printed at: see last page
ISBN: 978-620-6-17112-6

« DIEU ET LE CHANGEMENT »

Avant-propos

Ce livre est un voyage à travers les profondeurs de la foi chrétienne, une exploration des thèmes fondamentaux qui gouvernent notre vie spirituelle. Dans un monde en perpétuel changement, où les certitudes semblent s'effriter, il est essentiel de se rappeler l'importance du changement intérieur, de la transformation par la grâce, et de la promesse d'une vie éternelle.

Alors que nous naviguons entre la nécessité du changement, les conséquences de la stagnation spirituelle, et la réalité de l'enfer, cet ouvrage vise à éclairer chaque lecteur sur la beauté de la rédemption offerte par Christ. Les vérités bibliques que nous allons examiner sont là pour nous encourager à embrasser pleinement la vie que Dieu nous a destinée.

Préface

Écrire ce livre a été un processus à la fois personnel et spirituel. Chaque chapitre a été inspiré par des expériences de vie, des réflexions profondes et des conversations avec d'autres croyants. Mon désir est que chaque lecteur puisse trouver encouragement et défi à travers ces pages, en se rapprochant d'une connaissance plus profonde de Dieu et de Sa volonté.

Je crois fermement que le changement est une exigence divine, un appel à chacun de nous pour grandir dans la foi et à poursuivre une relation authentique avec notre Créateur. J'espère que ce livre sera un outil pour susciter une passion renouvelée pour Christ et Sa mission.

Remerciements

Je souhaite exprimer ma gratitude à tous ceux qui ont contribué, directement ou indirectement, à la réalisation de cet ouvrage. À ma famille, pour leur soutien indéfectible et leurs prières constantes. À mes amis et mentors, qui m'ont encouragé à partager mes réflexions et qui m'ont guidé sur ce chemin.

Je remercie également les lecteurs potentiels. Votre quête de vérité et votre désir de croissance spirituelle sont une source d'inspiration. Que ce livre soit une bénédiction pour vous et vous incite à répondre à l'appel divin dans votre vie.

Introduction de l'auteur

Nous vivons dans un monde où les voix du doute et de la confusion résonnent, où les valeurs changent et où le sens même de la vie est souvent remis en question. Dans ce contexte, il est d'une importance cruciale d'explorer les vérités fondatrices de notre foi chrétienne et de comprendre le rôle du changement dans notre vie spirituelle.

Ce livre est une invitation à un voyage de transformation. Il aborde des thèmes allant de la nécessité du changement et de ses conséquences, à la promesse d'une vie éternelle. En parcourant ces pages, j'espère que vous serez encouragé à embrasser la grâce de Dieu, à vivre selon Ses principes, et à rechercher avec ferveur la vérité de Sa Parole.

TABLE DES MATIERES

Avant-propos

Préface

Remerciements

Introduction de l'auteur

Chapitre 1 : La nécessité du changement 8

L'appel à la repentance

Les fondements bibliques du changement

Le rôle de la grâce dans le processus de transformation

Chapitre 2 : Le changement dans l'Ancien et le Nouveau Testament 12

Un fil conducteur dans l'Ancien Testament

Le changement comme plan de salut

Une invitation universelle

La patience divine

Chapitre 3 : La nature du changement 16

Le contraste entre le serpent et la chenille

La nécessité d'un changement radical

Le changement selon Jérémie : l'exemple de Moab

Un modèle de changement dans la tradition juive

La puissance de l'Esprit Saint dans le changement

Chapitre 4 : Exemples bibliques de transformations radicales..21

Saul de Tarse : De persécuteur à apôtre

La femme samaritaine : De la honte à la proclamation

Zachée : De l'oppression à la libération

Marie Madeleine : De possession à la dévotion

Chapitre 5 : Les dangers d'un changement superficiel 26

La question cruciale : "Ai-je vraiment changé ?"

La critique de Joël : Déchirer nos cœurs

Les dangers de l'hypocrisie spirituelle

Le poison d'un cœur non changé

Un retour véritable à Dieu

Chapitre 6 : La promesse d'un nouveau départ 30

Le rappel du passé : une nécessité pour le renouveau

La nouvelle création : Galates 6 :14-15

L'abandon des anciennes habitudes

La promesse du changement : une assurance divine

Chapitre 7 : Les conséquences de la résistance au changement .34

L'inéluctable vérité de la repentance

Le châtiment du mépris

Les dangers de la stagnation spirituelle

L'appel au changement

Chapitre 8 : La vie éternelle 37

La promesse de la vie éternelle

Le salaire des œuvres

La foi : clé de la récompense divine

La gloire à venir

Chapitre 9 : L'enfer, punition éternelle 41

Comprendre l'enfer

Qui ira en enfer ?

La durée de la punition

Ce que feront les damnés en enfer

Le jugement dernier

Conclusion

Conclusion

    Résumé des enseignements principaux

    L'importance du changement comme exigence divine

Cette table des matières offre une vue d'ensemble des thèmes explorés dans le livre et permet au lecteur de naviguer aisément à travers les différents chapitres, chacun abordant des aspects essentiels du changement dans la vie chrétienne. Si vous avez besoin d'ajustements ou de détails supplémentaires, n'hésitez pas à le faire savoir !

CHAPITRE 1 :

LA NECESSITE DU CHANGEMENT

Au cœur de l'expérience humaine réside une vérité indéniable : nous sommes tous, d'une manière ou d'une autre, en quête de changement. Que ce soit dans notre vie personnelle, nos relations ou notre société, le besoin de transformation émerge comme une évidence. Mais pourquoi ce besoin est-il si pressant ? La réponse se trouve dans la nature même de Dieu, qui nous appelle à changer non seulement pour notre propre bien, mais pour le bien de l'humanité tout entière.

Une voix divine qui appelle à la repentance

Dans Ézéchiel (18 :22-23), le Seigneur s'interroge : *"Ce que je désire, est-ce que le méchant meurt ? N'est-ce pas qu'il change de conduite et qu'il vive ?"* Cette question résonne comme un écho dans nos âmes, nous rappelant que le désir de Dieu pour nous n'est pas la condamnation, mais la vie. L'appel à changer est une invitation à se détourner des pratiques destructrices qui nuisent non seulement à nous-mêmes, mais aussi à nos relations avec autrui. Lorsque nous choisissons de ne pas reconnaître nos torts, nous plaçons une barrière entre nous et les autres. Le changement, alors, devient une nécessité pour préserver l'harmonie et la paix dans nos interactions.

La relation entre changement et vivre ensemble

Chaque jour, nous sommes confrontés à des choix qui ont le potentiel de transformer notre existence et celle de notre entourage. La façon dont nous agissons, parlons et interagissons peut bâtir des ponts ou ériger des murs.

Dans Proverbes 28 :13, il est écrit : *"Celui qui cache ses transgressions ne prospère point, mais celui qui les avoue et les délaisse obtient miséricorde."* Cette sagesse ancienne nous révèle que la reconnaissance de nos fautes est le premier pas vers un changement authentique. Dans une société où l'orgueil et le déni souvent prévalent, reconnaître nos erreurs est un acte de courage et d'humilité, ouvrant ainsi la voie au pardon et à la réconciliation.

Ne pas changer, c'est choisir de rester figé dans des schémas de comportement qui nuisent à nos relations.

Que ce soit dans notre vie de famille, au travail ou dans nos amitiés, les conflits et les malentendus émergent souvent de notre incapacité à reconnaître nos torts.

Ce refus de changer peut aboutir à des blessures profondes, à des rancunes qui s'accumulent et à une communication qui se dégrade.

En revanche, le changement nous offre l'opportunité de réparer nos relations, de restaurer la confiance et de favoriser un climat de paix.

Le changement comme clé pour un avenir meilleur

Le changement est aussi un acte d'amour. Quand Dieu nous appelle à changer, c'est parce qu'Il veut notre bien. Sa volonté est que nous vivions en harmonie les uns avec les autres, en tant que membres d'une même famille humaine. En nous engageant sur le chemin de la transformation, nous découvrons non seulement notre potentiel, mais aussi celui des autres. Le changement, alors, devient un acte de générosité envers notre prochain, un don que nous faisons à ceux qui nous entourent.

Dans l'Évangile selon Matthieu (5 :23-24), Jésus nous enseigne que si nous venons à l'autel pour offrir un don, mais que nous nous souvenons d'un tort envers notre frère, il est impératif de laisser notre offrande et de nous réconcilier d'abord avec lui.

Cette instruction met en lumière l'importance des relations humaines et le rôle central que joue le changement dans la réconciliation. Pour que nos interactions soient véritablement fructueuses, nous devons être prêts à reconnaître nos erreurs et à agir en conséquence.

Le processus de changement : un voyage intérieur

Le chemin du changement n'est pas toujours facile. Il exige une introspection sincère, une volonté de se confronter à ses faiblesses et de faire face à ses erreurs. Cependant, ce processus est essentiel pour une vie authentique. Comme le souligne 2 Pierre 3 :9, Dieu est patient et désire que chacun arrive à la repentance. Cette patience divine nous rappelle que le changement est un voyage, parfois long et semé d'embûches, mais qui nous rapproche inéluctablement de notre Créateur et de notre véritable identité en Christ. Nous devons également reconnaître que le changement ne se limite pas à une simple modification de comportement.
 Il s'agit d'une transformation profonde du cœur et de l'esprit.

Dans Romains 12 :2, Paul nous exhorte à ne pas nous conformer à ce monde, mais à être transformés par le renouvellement de notre esprit. Ce renouvellement est la clé qui nous permet d'adopter une nouvelle perspective sur nous-mêmes et sur les autres. Il nous invite à voir au-delà de notre égoïsme et de nos intérêts personnels pour embrasser une vision plus large, celle de vivre ensemble en harmonie.

Conclusion

La nécessité du changement est donc intrinsèquement liée à notre vie spirituelle et à notre coexistence harmonieuse avec autrui. C'est un appel divin, un désir ardent de Dieu pour notre bien et celui de l'humanité.

 En choisissant de changer, nous faisons le choix de la vie, de la paix et de l'amour. Que cette première étape nous incite à nous interroger : sommes-nous prêts à reconnaître nos torts et à transformer nos cœurs pour bâtir un monde meilleur ?

Le changement est une nécessité, et c'est à nous de répondre à cet appel. Dans ce voyage, nous découvrirons la beauté du pardon, la puissance de la réconciliation, et la joie d'une vie vécue en accord avec la volonté de Dieu.

CHAPITRE 2 :
LE CHANGEMENT DANS L'ANCIEN ET
LE NOUVEAU TESTAMENT

La notion de changement de vie est ancrée dans la tradition biblique, et remonte à des temps immémoriaux, bien avant l'émergence des concepts modernes. Ce n'est pas un simple slogan des religions traditionnelles ou une idée importée de courants occidentaux. Au contraire, il s'agit d'une ordonnance divine, inscrite dans le plan de salut de l'humanité. À travers les Écritures, nous discernons un fil conducteur puissant : celui de la nécessité de changement, de repentance et de retour à Dieu.

Les ancêtres de la foi et l'appel au changement

Dès les premiers récits bibliques, le changement de vie est présent. Nous admirons des figures telles que David, qui, après avoir péché, ne se contente pas de mots, mais se jette aux pieds de Dieu en implorant Sa miséricorde.
Dans le Psaume 51, David proclame *: "Crée en moi un cœur pur, ô Dieu, et renouvelle en moi un esprit bien disposé"* (Psaumes 51 :10). Cette supplication témoigne de son désir ardent de transformation et de réconciliation avec son Créateur.

Job, un autre modèle de piété, a également reconnu la nécessité du changement. Après avoir traversé des épreuves incommensurables, il s'écrie : "J'avais entendu parler de toi par ouï-dire, mais maintenant mes yeux t'ont vu. C'est pourquoi je me déteste et je me repens sur la poussière et sur la cendre" (Job 42 :5-6).

Ces mots traduisent une profonde repentance et un désir de revenir à l'humilité devant Dieu.

Le peuple juif, à travers les âges, est souvent appelé à la repentance. Dans le livre de Joël, le prophète exhorte le peuple à *"se frapper la poitrine"* et à *"porter un sac et de la cendre"* en signe de repentir pour leurs péchés. Il invite chacun à revenir à Dieu : *"Rendez-vous à l'Éternel, votre Dieu, car Il est plein de grâce et de miséricorde, lent à la colère et riche en bonté"* (Joël 2 :13). Ce cri du cœur résonne comme un appel universel à tous ceux qui se détournent de la voie de Dieu.

Un modèle de changement dans la tradition juive

L'histoire d'Esther, qui se lève pour intercéder en faveur de son peuple, est une autre illustration puissante du besoin de changement. Le peuple, conscient de sa condition, jeûne et se tourne vers Dieu en quête de pardon et de protection. Cette action collective témoigne de leur désir de renouveau, une possibilité de rédemption qui ne peut être obtenue qu'en reconnaissant leurs fautes et en cherchant la face du Seigneur.

Le changement : une ordonnance divine

Le changement, tel qu'il est présenté dans les Écritures, est une ordonnance divine, un élément central du plan de salut. Le Dieu d'Israël n'est pas un être distant ; Il désire ardemment que Son peuple accède à la plénitude de la vie. Ce besoin de transformation est réaffirmé tout au long des Écritures, et il s'intègre dans la promesse d'un avenir meilleur.

Lorsque Jésus arrive sur la scène, Il ne fait que poursuivre cette même dynamique.

Au commencement de Son ministère, Il proclame que le royaume de Dieu est proche et appelle tous, Juifs, Grecs, Romains, gentils et païens, à la repentance. Dans l'Évangile de Marc (1 :15), Il déclare : *"Le temps est accompli, et le royaume de Dieu est proche. Repentez-vous, et croyez à la bonne nouvelle."* Ce message souligne que la porte du royaume est ouverte, mais que le passage nécessite un engagement radical de transformation.

Une invitation à tous

Cette invitation à la repentance n'est pas réservée à un groupe particulier ; elle est universelle. Jésus, dans Son enseignement, souligne que chacun a la possibilité de tourner le dos à ses anciennes voies, de renoncer à l'iniquité et de se rapprocher de Dieu. C'est un appel à la conversion qui transcende les cultures, les époques et les circonstances.

L'apôtre Paul, dans ses lettres, renforce également cette notion. Dans Romains 12 :2, il exhorte les croyants à "ne pas se conformer à ce monde, mais à être transformés par le renouvellement de l'esprit". Cette transformation est essentielle pour vivre une vie qui glorifie Dieu et témoigne de Sa grâce.

La patience divine et l'appel à la repentance

Dieu, dans Sa grande patience, désire que chacun arrive à la repentance. Comme il est écrit dans 2 Pierre 3 :9 : *"Le Seigneur ne tarde pas dans l'accomplissement de sa promesse, comme certains le croient ; mais il fait preuve de patience envers vous, ne voulant pas qu'aucun ne périsse, mais que tous arrivent à la repentance."* Cette déclaration témoigne de l'amour inébranlable de Dieu pour l'humanité et de Sa volonté de voir chacun retrouver le chemin de la vie.

Conclusion

Le changement, loin d'être une idée moderne, est un principe fondamental qui traverse l'histoire biblique.

De David à Job, du peuple d'Israël aux enseignements de Jésus, il est évident que Dieu appelle Son peuple à un renouveau constant.

Ce chapitre nous rappelle que le changement est une ordonnance divine, inscrite dans le plan de salut pour l'humanité.

Que chacun d'entre nous prenne à cœur cet appel à la repentance et à la conversion, en reconnaissant que, même aujourd'hui, Dieu nous tend la main, nous invitant à abandonner nos anciennes voies pour embrasser la vie nouvelle qu'Il offre. Dans ce voyage de transformation, nous découvrons la beauté de la rédemption et la profondeur de l'amour de Dieu, qui nous accueille à bras ouverts.

CHAPITRE 3 : LA NATURE DU CHANGEMENT

Introduction

La nécessité du changement a été établie comme un principe fondamental dans notre relation avec Dieu. Cependant, il est crucial de comprendre ce qu'implique véritablement ce changement. Au-delà d'une simple transformation apparente, le changement englobe un passage d'un état à un autre, une métamorphose radicale qui va au-delà des gestes superficiels. Dans ce chapitre, nous explorerons cette notion à travers des métaphores, des récits bibliques et des réflexions profondes sur la nature du changement, tant dans l'Ancien que dans le Nouveau Testament.

Le changement : un processus de transformation

Pour illustrer la profondeur du changement attendu, nous pouvons établir un contraste entre deux êtres de la nature : **le serpent** et la **chenille**. Le serpent, lorsqu'il mue, se débarrasse de sa peau usée, mais conserve son venin et ses caractéristiques venimeuses.

Il devient alors potentiellement plus dangereux qu'auparavant. Son changement est superficiel, et sa nature intrinsèque reste inchangée. Ce phénomène nous rappelle que le changement extérieur sans une transformation intérieure peut conduire à des conséquences désastreuses.

À l'opposé, la chenille, après un processus de transformation complexe, devient un papillon. Cette métamorphose implique non seulement un changement physique, mais également une transformation de sa nature. La chenille, avec sa peau rugueuse et sa mauvaise odeur, disparaît complètement pour laisser place à un être de beauté et de légèreté, émettant des couleurs éclatantes et incarnant la grâce. Aucune trace de la chenille ne demeure, et ce changement est complet et radical.

Cette illustration nous permet de comprendre que Dieu ne désire pas simplement que nous changions en surface, mais qu'Il souhaite une transformation complète de notre être.

La nécessité d'un changement radical

La Bible nous enseigne que le changement spirituel est crucial pour ceux qui cherchent à vivre selon la volonté de Dieu.

Dans 2 Corinthiens 5 :17, l'apôtre Paul déclare : *« Si quelqu'un est en Christ, il est une nouvelle créature. Les choses anciennes sont passées ; voici, toutes choses sont devenues nouvelles. »* Ici, Paul souligne que la nouvelle naissance en Christ entraîne un changement fondamental dans notre identité. Ce passage n'est pas qu'un simple encouragement à changer ; il est une affirmation de la nature même du salut.

Lorsque nous acceptons Christ, nous sommes appelés à abandonner notre vie ancienne, marquée par le péché, et à embrasser une existence nouvelle, guidée par l'Esprit. Cela signifie que notre ancienne nature doit être crucifiée, et nous devons revêtir une nouvelle nature, celle de Christ (Galates 2 :20).

Ce changement n'est pas un acte ponctuel, mais un processus continu de sanctification qui nous rapproche de Dieu.

Le changement selon Jérémie : l'exemple de Moab

La prophétie de Jérémie sur Moab illustre parfaitement l'importance d'un changement authentique. Dans Jérémie 48 :11, il est dit : *« Moab a été en paix depuis sa jeunesse, et il s'est reposé sur ses lies ; il n'a pas été transvasé d'un outre en un autre. »*

Cette image du vin non transvasé évoque une stagnation, une incapacité à se transformer. Moab, en refusant de changer, demeure inchangé, ce qui le conduit à sa destruction.

Cette métaphore est pertinente pour de nombreux chrétiens aujourd'hui, qui restent attachés à leurs anciennes habitudes et croyances, incapables de se libérer de ce qui les entrave. Les sorciers, les traditions culturelles, et les pratiques anciennes demeurent, et peu de témoignages authentiques de changement se manifestent. Cela soulève la question : en quoi avons-nous réellement changé ?

L'hypocrisie des pharisiens

Dans le Nouveau Testament, Jésus critique l'hypocrisie des Pharisiens, qui se préoccupent de l'apparence extérieure tout en ignorant la corruption intérieure. Dans Matthieu 23 :25-26, Il dit : *« Malheur, scribes et pharisiens hypocrites ! Vous nettoyez l'extérieur de la coupe et du plat, mais l'intérieur est plein de rapines et d'intempérances. »* Cette critique souligne que le changement de comportement, sans une transformation du cœur, est vain.

Jésus va au-delà de la simple observation des lois ; il touche à la racine du problème : le cœur humain. L'enseignement de Jésus sur l'adultère dans Matthieu 5 :27-28 nous rappelle que la convoitise du cœur est aussi grave que l'acte lui-même et que le changement doit être profond, affectant non seulement nos actions, mais aussi nos pensées et nos intentions.

Le chemin du changement : défis et luttes

Le chemin du changement est parsemé de défis. Lutter contre nos habitudes et croyances ancrées peut s'avérer difficile. Souvent, nous sommes pris dans un cycle de comportements répétitifs qui deviennent des réflexes.

La transformation, cependant, nécessite une prise de conscience et un effort conscient pour défaire ces schémas.

Dans Romains 12 :2, *« Paul nous exhorte à ne pas nous conformer à ce monde, mais à être transformés par le renouvellement de notre esprit ».*

Ce renouvellement est essentiel pour réussir à changer. Cela implique de nourrir notre esprit avec la Parole de Dieu, de prier pour demander la force de surmonter nos faiblesses et de chercher des occasions de mettre en pratique notre foi.

La nécessité de la repentance

Pour que le changement soit authentique, il doit être précédé de la repentance. La repentance n'est pas simplement un regret d'avoir péché ; c'est un changement de direction, un retournement vers Dieu. Dans Actes 3 :19, Pierre proclame : *« Repentez-vous donc et convertissez-vous, afin que vos péchés soient effacés ».*

Cette conversion est la clé pour obtenir le pardon et initier le processus de changement. La repentance doit être accompagnée d'une volonté d'abandonner ce qui nous éloigne de Dieu.

Cela peut impliquer de rompre des liens avec des relations toxiques, de se détourner de mauvaises habitudes ou de se distancer de pensées négatives. Ce processus peut être douloureux, mais il est nécessaire pour que nous puissions véritablement changer.

La puissance de l'Esprit Saint dans le changement

Le changement ne peut être accompli par nos propres forces. C'est là qu'intervient l'Esprit Saint, qui nous aide dans notre faiblesse et nous guide dans la vérité. Jésus a promis l'arrivée du Consolateur, l'Esprit de vérité, qui nous enseignera toutes choses (Jean 14 :26). C'est par la puissance de l'Esprit Saint que nous pouvons vraiment changer, car Il est celui qui transforme nos cœurs et nous donne la force de vivre selon la volonté de Dieu.

Dans Ézéchiel 36 :26-27, Dieu promet : *« Et je vous donnerai un cœur nouveau, et je mettrai en vous un esprit nouveau ; j'ôterai de votre chair le cœur de pierre, et je vous donnerai un cœur de chair »*. Cette promesse de transformation est au cœur de la nouvelle alliance, où Dieu promet d'intervenir directement dans la vie de ceux qui croient en Lui.

Conclusion

La nature du changement est profonde et complexe. Ce n'est pas simplement un ajustement superficiel ; c'est une métamorphose radicale qui nous appelle à passer d'un état de péché à un état de sainteté, d'un état de mort spirituelle à une vie nouvelle en Christ.

En nous engageant dans ce processus de changement, nous devons être conscients des défis qui l'accompagnent, de la nécessité de la repentance, et de la puissance de l'Esprit Saint qui nous transforme.

Le changement véritable est possible, mais il exige une volonté de se soumettre à Dieu, de renoncer à la chair et de s'ouvrir à la nouvelle vie qu'Il offre. Dans cette transformation, nous ne devenons pas seulement des croyants, mais des nouvelles créations, prêtes à refléter la gloire de Dieu dans ce monde. Que ce soit notre prière et notre engagement, alors que nous poursuivons ce chemin de changement, dans la grâce et l'amour de notre Seigneur Jésus-Christ.

CHAPITRE 4 :
EXEMPLES BIBLIQUES DE TRANSFORMATIONS RADICALES

L'histoire biblique est une galerie vivante d'individus dont des rencontres divines ont engendré des transformations radicales. Ces récits extraordinaires révèlent non seulement la puissance de Dieu à travailler dans la vie des gens, mais ils nous offrent également des modèles d'espoir et de rédemption pour notre propre voyage spirituel. Dans ce chapitre, nous plongerons dans quelques exemples emblématiques de transformations radicales, illustrant comment, par la grâce de Dieu, des vies brisées ont été restaurées et renouvelées.

1. Saul de Tarse : De persécuteur à apôtre

L'un des exemples les plus frappants de transformation dans l'histoire biblique est sans conteste celui de Saul de Tarse, qui deviendra l'apôtre Paul. Saul, fervent pharisien, était un homme de loi, mais aussi un persécuteur acharné des chrétiens. Dans Actes 9, nous le rencontrons sur la route de Damas, déterminé à capturer et à emprisonner tous ceux qui professaient la foi en Jésus.

Cependant, un événement improbable va bouleverser le cours de son existence. Une lumière éclatante, venue du ciel, l'entoure et il tombe à terre, entendant la voix du Christ :
 "Saul, Saul, pourquoi me persécutes-tu ?" (Actes 9 :4). Ce cri divin marque le début d'une transformation profonde. Saul, aveuglé, est conduit à Damas, où il rencontrera un disciple nommé Ananias. Ce dernier, bien que craintif, obéit à l'instruction de Dieu et prie pour Saul. À travers cette prière, les écailles

tombent de ses yeux, et il retrouve la vue, mais plus important encore, il reçoit une nouvelle vision de sa vie.

Ce récit illustre comment une rencontre personnelle avec Jésus-Christ peut radicalement changer le cœur d'un homme. De persécuteur, Saul devient apôtre, voyageant à travers le monde pour prêcher l'Évangile. Il écrit des lettres qui deviendront des fondations de la foi chrétienne. Ce changement n'est pas simplement une conversion ; c'est une renaissance spirituelle, transformant un homme hors de la loi en un instrument de grâce. Paul nous rappelle que "si quelqu'un est en Christ, il est une nouvelle créature" (2 Corinthiens 5 :17). La vie de Paul témoigne de la puissance de la rédemption, montrant que personne, même le plus grand des pécheurs, n'est hors de portée de la grâce de Dieu.

2. La femme samaritaine : De la honte à la proclamation

Un autre récit poignant de transformation se trouve dans Jean 4, où nous rencontrons la femme samaritaine au puits de Jacob. Isolée et rejetée en raison de son passé tumultueux, elle vient chercher de l'eau à une heure où personne d'autre ne se trouve là. Cependant, sa rencontre avec Jésus va bouleverser sa vie à jamais.

Le dialogue entre elle et Jésus révèle non seulement ses blessures, mais aussi le désir de Christ de lui offrir une eau vive qui étanchera sa soif spirituelle.

"Quiconque boit de cette eau aura encore soif ; mais celui qui boira de l'eau que je lui donnerai n'aura jamais soif" (Jean 4 :13-14), déclare Jésus.

À ce moment, elle est confrontée à sa réalité, mais au lieu d'être condamnée, elle reçoit l'assurance d'un amour inconditionnel.

Transformée par cette rencontre, la femme retourne dans son village et proclame : "Venez voir un homme qui m'a dit tout ce que j'ai fait. Ne serait-il pas le Christ ?" (Jean 4 :29). Sa honte se transforme en un témoignage puissant, et elle devient une évangéliste de la grâce, ayant été radicalement changée par l'amour de Dieu. Ce récit illustre que peu importe notre passé, la rencontre avec Jésus peut nous redéfinir, nous offrant une nouvelle identité et un nouveau but.

3. Zachée : De l'oppression à la libération

Le récit de Zachée, le percepteur d'impôts à Jéricho, est une autre illustration frappante de transformation. Zachée est décrit comme un homme riche, mais également comme un voleur, perçu comme un paria dans la société juive. Sa stature courte ne l'empêche pas de grimper dans un sycomore pour apercevoir Jésus passant. Dans Luc 19 :5, Jésus l'appelle par son nom : *"Zachée, descends vite, car il me faut demeurer aujourd'hui dans ta maison."*
Cette simple invitation change le cours de la vie de Zachée. En accueillant Jésus chez lui, il subit une métamorphose radicale. Confronté à l'amour et à la grâce de Dieu, il déclare *: « Voici, Seigneur, je donne la moitié de mes biens aux pauvres, et si j'ai extorqué quelque chose à quelqu'un, je lui rends le quadruple »* (Luc 19 :8) Son cœur, auparavant avide et égoïste, est maintenant rempli de générosité et d'intégrité.
La transformation de Zachée démontre que la rencontre avec Jésus non seulement transforme notre cœur, mais aussi nos actions. Il passe de l'oppression des autres à l'acte de libération, illustrant le pouvoir de la grâce qui nous pousse à agir selon la volonté divine. Ce qui était autrefois une vie centrée sur l'argent se transforme en une vie centrée sur le service et la restitution.

4. Marie Madeleine : De possession à la dévotion

Marie Madeleine est un autre exemple frappant de transformation radicale. Dans Luc 8 :2, nous apprenons qu'elle a été délivrée de sept démons par Jésus. Son passé sombre aurait pu la définir, mais plutôt que de rester captive de son histoire, elle devient une fervente disciple de Christ.

Après la crucifixion, elle se rend au tombeau, pleurant la perte de son Maître. C'est là qu'elle fait l'expérience d'une rencontre transformative :

"Marie !" l'appelle Jésus (Jean 20 :16). À ce moment, Marie comprend que la mort n'a pas eu le dernier mot. Elle passe de la douleur à la proclamation, devenant la première à annoncer la résurrection de Jésus aux autres disciples :

"J'ai vu le Seigneur !" (Jean 20 :18). Cette transformation radicale met en lumière le fait que, peu importe nos luttes ou notre passé, la grâce de Dieu peut nous rétablir. Marie Madeleine, d'une femme tourmentée, devient un pilier de la foi, illustrant comment un cœur transformé peut porter un témoignage puissant de l'amour rédempteur de Christ.

Conclusion

Ces exemples de transformations radicales dans la Bible ne sont pas simplement des récits anciens ; ils sont des témoins vivants de l'œuvre continue de Dieu dans nos vies. Chaque personnage, par sa rencontre avec Jésus, fait l'expérience d'un changement profond, illustrant ainsi le fait que la grâce de Dieu est suffisante pour transformer les cœurs les plus endurcis et les vies les plus brisées.

À travers ces récits, nous sommes encouragés à croire en la possibilité d'un changement véritable. Nous réalisons que la métamorphose que Dieu désire pour chacun de nous est non seulement réalisable, mais aussi essentielle pour vivre pleinement dans la plénitude de Son amour. Que ces exemples nous rappellent que, quel que soit notre passé, la puissance de la grâce est capable de nous transformer et de nous utiliser pour Sa gloire.

La Bible regorge d'histoires de transformations spectaculaires. Ce chapitre mettra en lumière des figures emblématiques comme Saul de Tarse, devenu Paul, Zachée le collecteur d'impôt, et la femme samaritaine devenue messagère de l'Évangile.

Nous examinerons comment ces récits illustrent que le changement est non seulement possible, mais qu'il peut également avoir un impact monumental sur notre vie et celle des autres.

CHAPITRE 5 :

LES DANGERS D'UN CHANGEMENT SUPERFICIEL

Le voyage vers la transformation spirituelle est un chemin semé d'embûches, et l'un des plus grands dangers auxquels nous faisons face est celui d'un changement superficiel. Dans un monde où les apparences prennent souvent le pas sur la réalité, il est facile de croire que l'on a changé simplement parce que l'on a modifié certains comportements ou que l'on a adopté un nouveau langage. Cependant, une conversion superficielle peut s'avérer plus nuisible que bénéfique, nous laissant dans un état de tromperie et de stagnation spirituelle.

La question cruciale : "Ai-je vraiment changé ?"

Dans ce cadre, la question se pose : *"Ai-je vraiment changé ?"* C'est une interrogation qui n'est pas seulement introspective, mais qui exige une honnêteté brutale. Nous avons tous connu des moments où nous avons tenté d'ajuster notre comportement, de masquer nos faiblesses ou de jouer un rôle social, mais cela ne signifie pas nécessairement que nous avons connu une transformation intérieure. La Bible nous avertit de manière claire et pressante que *"le cœur est trompeur par-dessus tout"* (Jérémie 17 :9). La véritable question n'est pas seulement de savoir si nous avons changé en surface, mais si notre cœur a été touché par la grâce de Dieu.

La critique de Joël : Déchirer nos cœurs

Le prophète Joël nous rappelle avec force l'importance d'une repentance authentique : *"Déchirez vos cœurs et non vos vêtements"* (Joël 2 :13). Ce verset est un appel percutant à aller au-delà des gestes extérieurs. Dans la culture juive, le déchirement des vêtements était un signe visible de deuil ou de repentance. Cependant, Joël, inspiré par l'Esprit, nous exhorte à nous concentrer sur la condition intérieure de notre cœur. Un changement extérieur, sans une transformation intérieure, est vain et illusoire.

La déchirure du cœur symbolise un acte de sincérité envers Dieu, une prise de conscience de notre état de péché et un désir ardent de retourner vers Lui. Il ne s'agit pas seulement de pleurer sur nos fautes, mais de permettre à l'Esprit de Dieu de pénétrer nos cœurs, de faire éclater les façades que nous avons dressées et de nous confronter à notre réalité spirituelle. Ce processus peut être douloureux, mais il est essentiel pour toute véritable transformation.

Les dangers de l'hypocrisie spirituelle

Un changement superficiel peut souvent se traduire par une hypocrisie spirituelle. Jésus, en s'adressant aux Pharisiens, dénonce avec véhémence cette pratique : "Malheureux, scribes et pharisiens hypocrites ! Car vous êtes semblables à des sépulcres blanchis, qui paraissent belles au dehors, mais qui, au-dedans, sont pleins d'ossements de morts et de toute sorte d'impureté" (Matthieu 23 :27). Ces paroles frappent au cœur de la question : tant d'entre nous portent le masque de la piété, mais à l'intérieur, la mort spirituelle peut s'épanouir.

Ce type de changement est dangereux, car il peut conduire à une fausse sécurité. On peut penser que l'on est en bonne relation avec Dieu simplement parce que l'on fréquente l'église, que l'on participe aux activités religieuses ou que l'on parle le langage chrétien. Pourtant, cette façade peut cacher une vie intérieure stérile, marquée par le péché non confessé et l'absence de véritable communion avec Dieu.

Le poison d'un cœur non changé

Un changement superficiel peut également être comparé à un poison dissimulé sous une apparence attrayante. Comme le serpent qui mue, nous pouvons changer d'apparence tout en conservant notre venin et nos anciennes habitudes. Ce venin, s'il n'est pas traité, peut infecter notre vie spirituelle, nos relations et notre témoignage. Un méchant qui ne connaît qu'un changement d'attitude, sans une véritable transformation de cœur, est un danger pour lui-même et pour les autres.

C'est pourquoi il est crucial d'implorer le Seigneur pour qu'Il scrute nos cœurs, comme le dit le psaume : "Scrute-moi, ô Dieu, et connais mon cœur ; mets-moi à l'épreuve, et connais mes pensées" (Psaumes 139 :23). Cela nécessite un engagement à être honnête avec nous-mêmes et avec Dieu, à admettre nos luttes et à demander la grâce pour un changement profond et authentique.

Un retour véritable à Dieu

Un changement authentique nécessite un véritable retour à Dieu. Ce retour implique de reconnaître notre état de péché, de nous détourner de nos anciennes voies et de désirer ardemment une relation restaurée avec notre Créateur. Cela nous demande de prier avec ferveur, de lire et de méditer Sa Parole, et d'ouvrir nos cœurs à l'œuvre de l'Esprit Saint.

Dans 1 Jean 1 :9, nous trouvons une promesse précieuse : "Si nous confessons nos péchés, il est fidèle et juste pour nous les pardonner et pour nous purifier de toute iniquité." Ce verset nous rappelle que Dieu est prêt à nous restaurer, mais seulement si nous sommes prêts à nous soumettre et à abandonner notre fierté. La repentance ne doit pas être un acte isolé, mais un mode de vie, un engagement quotidien à marcher dans la lumière, à vivre en communion avec Dieu et à permettre à Son amour de transformer nos cœurs.

Conclusion : L'appel à un changement authentique

Les dangers d'un changement superficiel sont réels et menaçants. Ils nous appellent à la vigilance, à l'introspection et à une recherche sincère de Dieu. En tant que croyants, nous sommes appelés non seulement à être des acteurs du changement, mais aussi à veiller à ce que ce changement soit authentique et centré sur Christ. Ce chapitre nous exhorte à ne pas nous contenter d'un vernis extérieur, mais à désirer une transformation profonde.

En fin de compte, le véritable changement ne vient pas de nos efforts humains, mais de notre vulnérabilité devant Dieu, de notre désir ardent de Le connaître et de Lui faire confiance pour réaliser en nous ce que nous ne pouvons accomplir par nous-mêmes. Que nous puissions tous prier pour un cœur renouvelé, pour une vie transformée qui glorifie Dieu et témoigne de Sa grâce infinie.

.

CHAPITRE 6 :

LA PROMESSE D'UN NOUVEAU DEPART

Dans le grand livre de la rédemption, chaque mot prononcé par Dieu résonne comme une promesse d'espoir, un écho de la grâce qui nous appelle à renaître. Ce chapitre s'ouvre sur une exhortation solennelle, à la fois douce et impérieuse :

"Souviens-toi donc d'où tu es tombé, repens-toi, et pratique tes premières œuvres" (Apocalypse 2 :5). Ces paroles, tirées de la révélation donnée à l'apôtre Jean, nous rappellent que le chemin du retour est toujours accessible, même lorsque nous nous éloignons de notre première foi.

Le rappel du passé : une nécessité pour le renouveau

Il est vital de se souvenir d'où l'on est tombé. Ce n'est pas un acte de nostalgie, mais une invitation à l'introspection, un voyage vers l'origine de notre foi. En nous rappelant nos premières œuvres, nous revoyons les moments de passion, de dévotion et d'amour authentique pour Christ. Nous étions, à ce moment, des témoins ardents de Sa grâce. Cependant, le temps et les épreuves ont parfois érodé cette flamme, nous laissant avec des cendres de notre zèle autrefois ardent. Ce rappel est un appel à la repentance, une invitation à revenir à cet état de fraîcheur et de vitalité spirituelle.

La promesse d'un nouveau départ se trouve dans la capacité de Dieu à nous restaurer. Il ne nous abandonne pas dans notre état de déchéance ; au contraire, Il nous offre la possibilité d'un renouveau. Cette promesse est omniprésente dans les Écritures, et elle nous assure qu'il n'est jamais trop tard pour revenir à Lui.

La nouvelle création : Galates 6 :14-15

Dans Galates 6 :14-15, l'apôtre Paul affirme avec force : *"Mais que Dieu me garde de me glorifier, si ce n'est dans la croix de notre Seigneur Jésus-Christ, par qui le monde est crucifié pour moi, et moi pour le monde. Car en Christ Jésus, ni la circoncision ni l'incirconcision ne comptent, mais c'est d'être une nouvelle créature."*

Ce passage révèle la beauté de la promesse divine : nous ne sommes pas seulement appelés à changer ; nous sommes appelés à devenir une nouvelle création.

Être une nouvelle créature en Christ transcende la simple amélioration de notre comportement. Cela implique une transformation radicale de notre identité. Dans cette nouvelle création, nos anciennes habitudes, nos péchés, et nos attaches au monde perdent leur pouvoir sur nous. C'est un passage de l'obscurité à la lumière, de la mort à la vie. Paul nous invite à abandonner les fardeaux du passé - les regrets, les blessures et les échecs - afin de vivre pleinement cette nouvelle identité en Christ.

L'abandon des anciennes habitudes

Cependant, ce nouveau départ nécessite un abandon délibéré de nos anciennes habitudes. La transformation ne se limite pas à un changement de statut ; elle implique aussi un changement de comportement.

Dans 1 Corinthiens 15 :50-52, Paul nous rappelle : *"Je dis ceci, frères : la chair et le sang ne peuvent hériter du royaume de Dieu, et la corruption n'hérite pas de l'incorruption. Voici, je vous dis un mystère : nous ne mourrons pas tous, mais nous serons tous changés, en un instant, en un clin d'œil, à la dernière trompette."*

Ce passage illustre la nécessité d'un changement radical qui nous prépare à hériter du royaume de Dieu. Le véritable changement exige un renoncement à tout ce qui est corruptible.

Cela signifie abandonner les comportements, les pensées et les attitudes qui ne sont pas en accord avec notre nouvelle identité en Christ. Il est essentiel d'accueillir ce changement avec une volonté ferme, conscient que ce processus est un acte de foi, un pas audacieux vers l'inconnu. Comme les israélites traversant le désert, nous devons lâcher prise sur nos anciennes vies pour embrasser la terre promise que Dieu a préparée pour nous.

La promesse du changement : une assurance divine

La promesse d'un nouveau départ est aussi une déclaration de foi. Lorsque nous nous engageons à revenir à Dieu et à embrasser notre nouvelle identité, nous pouvons être assurés de Sa fidélité. Il nous rappelle, par Ses promesses, que notre passé n'a plus de pouvoir sur nous.

"Si quelqu'un est en Christ, il est une nouvelle créature" (2 Corinthiens 5 :17). Cela signifie que tout ce que nous avons été est racheté, et nous sommes maintenant renouvelés en Lui.

Les promesses de Dieu ne sont pas de vains mots. Elles portent la puissance de la transformation. C'est pourquoi nous devons entrer dans la promesse de ce nouveau départ avec foi et détermination. Le changement ne dépend pas de nos propres forces, mais de notre volonté d'accepter ce que Dieu a déjà accompli en Christ.

Conclusion : L'appel à un engagement authentique

En somme, la promesse d'un nouveau départ n'est pas qu'une simple opportunité de changement ; c'est une invitation à un engagement authentique envers notre relation avec Dieu. Elle nous exhorte à nous souvenir de notre condition, à nous repentir et à revenir aux œuvres qui témoignent de notre amour pour Lui. Ce chapitre nous rappelle que, bien que le chemin vers la transformation puisse être semé d'embûches, il est également imprégné d'une promesse divine inébranlable : Dieu est toujours prêt à nous accueillir, à nous renouveler et à nous façonner selon Son image.

Ainsi, alors que nous méditons sur ces vérités, que notre cœur soit ouvert à la puissance du changement. Embrassons cette promesse avec joie, sachant que le Dieu qui nous a appelés à la vie est également celui qui nous transforme pour Sa gloire. Que ce nouveau départ soit pour nous une réalité vivante, un témoignage de la grâce souveraine de notre Seigneur Jésus-Christ.

CHAPITRE 7 :

LES CONSEQUENCES DE LA RESISTANCE AU CHANGEMENT

La résistance au changement est un phénomène souvent banalisé, mais ses conséquences peuvent être dévastatrices. Dans un monde où l'évolution est inévitable et où le progrès est une exigence, la stagnation spirituelle représente un danger mortel. Nous ne saurons avoir d'excuses, car le temps de la patience et de la grâce divines n'est pas éternel. Les avertissements du Christ résonnent à travers les âges, nous rappelant que chaque jour qui passe est une occasion de répondre à Son appel. *« Croyez-vous que ces Galiléens fussent de plus grands pécheurs que tous les autres Galiléens, parce qu'ils ont souffert de la sorte ? Non, je vous le dis. Mais si vous ne vous repentez, vous périrez tous également »* (Luc 13 :2-3). Ces paroles, pleines de gravité, nous confrontent à notre propre réalité spirituelle.

L'inéluctable vérité de la repentance

La première vérité à établir est qu'aucune excuse ne sera valable pour ceux qui demeurent dans la résistance. Nous vivons dans une culture où le relativisme moral et la justification personnelle prévalent. Beaucoup cherchent des prétextes pour justifier leur stagnation, persuadés qu'ils pourront obtenir une seconde chance lorsque le moment sera opportun. Pourtant, la réalité est implacable : le refus de se repentir entraîne une séparation de Dieu, et cette séparation, au bout du compte, conduit à la perdition.

Dans l'exemple des Galiléens et des victimes de la tour de Siloé, Jésus nous rappelle que le malheur n'est pas nécessairement le résultat d'un plus grand péché. Il affirme que chacun d'entre nous est appelé à la repentance, sans exception. La stagnation et le refus de changer ne sont pas des choix sans

34

conséquences ; ils mènent à un éloignement fatal de la vérité et de la lumière. La patience divine a ses limites, et lorsque celles-ci expirent, le jugement s'ensuit.

Le châtiment du mépris

Les conséquences pour ceux qui rejettent cet appel à la transformation sont terrifiantes. *« Lorsque le Seigneur Jésus apparaîtra du ciel avec les anges de sa puissance, au milieu d'une flamme de feu, pour punir ceux qui ne connaissent pas Dieu et ceux qui n'obéissent pas à l'Évangile de notre Seigneur Jésus »* (2 Thessaloniciens 1 :7-8).

Ces versets évoquent non seulement un châtiment, mais un jugement qui tombera sur tous.

Il s'agit d'un rappel urgent que le mépris des injonctions divines a des répercussions éternelles.

Il est crucial de comprendre que cette punition ne sera pas le résultat d'une vindicte divine, mais plutôt de la justice de Dieu. Ceux qui refusent de changer se condamnent eux-mêmes en choisissant de vivre en dehors de Sa volonté. La véritable tragédie réside dans le fait qu'ils se privent de la plénitude de la vie et de la communion avec le Créateur. Dieu appelle chacun à le rechercher, non par contrainte, mais par amour. Celui qui choisit de rester dans la résistance se retrouve dans un cercle vicieux d'anxiété et de désespoir.

Les dangers de la stagnation spirituelle

La stagnation spirituelle est un poison insidieux. Elle engendre une anxiété profonde et un éloignement spirituel. Les âmes qui résistent au changement s'enferment dans une routine spirituelle, se contentant des apparences sans jamais goûter à la profondeur de la relation avec Dieu. Cette condition est semblable à celle d'une terre aride : elle peut sembler fertile en surface, mais elle est en réalité stérile et sans vie.

Le refus de se transformer empêche aussi de jouir de la plénitude de la vie en Christ. La promesse du Christ est que *« je suis venu pour qu'elles aient la vie et qu'elles l'aient en abondance »* (Jean 10 :10). Mais cette vie abondante est réservée à ceux qui choisissent de répondre à Son appel à changer. L'absence de transformation engendre un vide que rien d'autre ne peut combler. La peur de l'inconnu, qui paralyse tant d'individus, ne fait que renforcer cette stagnation, éloignant ainsi les âmes de l'amour divin qui les attend.

L'appel au changement

Au cœur de ce chapitre, et de ce livre, se trouve un appel urgent au changement. Ce changement n'est pas une option, mais une exigence divine. Dieu nous appelle à une relation plus profonde avec Lui, à une expérience joyeuse du salut qui transcende les épreuves de ce monde. À travers la repentance, la conversion et une transformation authentique, nous pouvons nous rapprocher de Dieu et goûter à Sa miséricorde.

Chers lecteurs, n'attendez pas que le temps de grâce s'épuise. Ne laissez pas passer l'opportunité de vous engager dans un chemin de renouveau. L'anxiété et la stagnation ne sont pas une fatalité ; elles peuvent être surmontées par la puissance de la grâce divine. Le changement est possible, et il commence par un pas audacieux vers la repentance. Que chacun de nous soit prêt à répondre à cet appel, à se lever de sa torpeur et à embrasser la vie que Dieu a préparée pour nous. Car, en fin de compte, la promesse d'un nouveau départ est offerte à tous, mais elle exige un cœur prêt à recevoir.

CHAPITRE 8 :
LA VIE ETERNELLE

La vie éternelle n'est pas seulement une promesse lointaine ; elle est la récompense glorieuse et certaine pour ceux qui ont répondu à l'appel divin avec foi et obéissance. En tant que croyants rachetés, nous ne croyons pas dans le vide, mais dans l'espérance vivante d'une existence transformée, à la fois ici-bas et dans l'éternité. Cette récompense transcende les souffrances et les épreuves que nous pouvons rencontrer dans notre parcours terrestre. *"Car Dieu n'est pas injuste, pour oublier votre travail et l'amour que vous avez montré pour son nom"* (Hébreux 6 :10).

 Nos efforts, nos luttes et notre dévouement ne sont pas vains ; ils sont inscrits dans le livre de la vie et seront récompensés.

La promesse de la vie éternelle

Jean 3 :16 nous assure, avec une clarté désarmante : *"Car Dieu a tant aimé le monde qu'il a donné son Fils unique, afin que quiconque croit en lui ne périsse point, mais ait la vie éternelle."*
Ce verset résume le cœur même de l'Évangile : la vie éternelle est un don, la culmination de l'amour inconditionnel de Dieu pour l'humanité. En acceptant ce don, en plaçant notre foi en Christ, nous recevons non seulement une promesse de vie après la mort, mais une invitation à vivre en plénitude dès aujourd'hui.

La vie éternelle, c'est aussi vivre dans une relation restaurée avec notre Créateur. C'est goûter à la plénitude de Sa présence, à la joie de Son service, et à la satisfaction d'être en union avec Lui. Tout comme un arbre enraciné dans une terre fertile, notre vie en Christ nous permet de porter du fruit, de vivre en abondance, et de partager cette abondance avec le monde qui nous entoure.

Le salaire des œuvres

Les Écritures nous enseignent que ce que nous faisons ici-bas a des conséquences éternelles. 2 Chroniques 15 :7 nous exhorte : *"Vous donc, fortifiez-vous, et ne laissez pas vos mains s'affaiblir, car il y aura un salaire pour vos œuvres."*

 Cette promesse nous incite à demeurer fidèles, à persévérer dans l'œuvre du Seigneur, même lorsque les temps deviennent difficiles.

Il est impératif de comprendre que ce salaire n'est pas simplement une récompense matérielle ou temporelle, mais une couronne d'incorruptibilité qui nous attend dans l'au-delà.

Malachie 3 :18 déclare avec force : *« Et vous verrez de nouveau la différence entre le juste et le méchant, entre celui qui sert Dieu et celui qui ne le sert pas »*. Cette distinction est claire et précieuse. La vie éternelle est la plus grande des récompenses, mais elle est également le fruit d'une vie de service et d'engagement envers Dieu.

La foi : clé de la récompense divine

Hébreux 11 :6 nous rappelle l'importance de la foi : *« Or, sans la foi, il est impossible de lui être agréable ; car il faut que celui qui s'approche de Dieu croie que Dieu existe, et qu'il est le rémunérateur de ceux qui le cherchent »*. La foi est le moteur de notre relation avec Dieu ; elle nous pousse à agir, à servir, à donner de nous-mêmes au-delà de nos limites.

 C'est dans cette dynamique de foi que nous découvrons la richesse de la vie éternelle.

Et que dire de ces sacrifices que nous faisons pour le royaume ? Jésus nous assure dans Marc 10 :28-30 : "Il n'est personne qui, ayant quitté, à cause de moi et à cause de la bonne nouvelle, sa maison, ou ses frères, ou ses sœurs, ou sa mère, ou son père, ou ses enfants, ou ses terres, ne reçoive au centuple, présentement dans ce siècle-ci, des maisons, des frères, des sœurs, des mères, des enfants, et des terres, avec des persécutions, et, dans le siècle à venir, la vie éternelle." Cette promesse de récompense ici-bas, combinée à l'espérance de la vie éternelle, nous motive à donner sans compter.

La gloire à venir

Les souffrances que nous endurons en tant que chrétiens ne doivent pas nous abattre, mais nous encourager. *"J'estime que les souffrances du temps présent ne sauraient être comparées à la gloire à venir qui sera révélée pour nous"* (Romains 8 :18).

Cette promesse sublime nous rappelle que les épreuves, loin d'être des échecs, sont des occasions de grandir dans la foi et de nous rapprocher de la gloire divine qui nous attend.

Il est essentiel de garder les yeux fixés sur cette gloire. *« Nous tous qui, le visage découvert, contemplons comme dans un miroir la gloire du Seigneur, nous sommes transformés en la même image, de gloire en gloire, comme par le Seigneur, l'Esprit »* (2 Corinthiens 3 :18).

À mesure que nous contemplons la grandeur de Dieu, nous devenons semblables à Lui, et cette transformation est un prélude à la vie éternelle, où nous serons pleinement unis à Lui dans Sa gloire.

Conclusion : Une promesse à saisir

Dans ce chapitre sur la vie éternelle, nous avons exploré les profondes promesses de Dieu pour ceux qui Lui obéit et se laissent transformer par Son amour. Le chemin de la foi, bien qu'empreint d'épreuves, est également parsemé de récompenses inestimables. Nous sommes appelés à vivre dans l'espérance, à servir avec diligence, et à nous réjouir de la vie éternelle qui nous attend.

Avec assurance, nous pouvons affirmer que notre foi n'est pas vaine. Chaque acte de dévotion, chaque moment de sacrifice, chaque pas vers la transformation est enregistré dans le ciel.

Que chacun de nous saisisse cette promesse avec ferveur, sachant que la vie éternelle est non seulement un futur glorieux, mais une réalité enrichissante que nous pouvons commencer à vivre dès maintenant. L'éternité, pleine de gloire et de magnificence, est le salaire de notre engagement envers le Christ. Que Dieu ouvre nos yeux pour contempler cette magnifique promesse et vivre chaque jour dans l'attente joyeuse de Sa manifestation.

CHAPITRE 9 :

L'ENFER, PUNITION ETERNELLE

L'enfer est un sujet délicat, souvent évité dans les conversations courantes, mais il représente une réalité incontournable dans l'enseignement biblique. C'est une doctrine essentielle qui nous avertit de la gravité des conséquences du péché et de l'importance de notre choix de vie sur cette terre. Ce chapitre se penche sur la nature de l'enfer, les personnes qui y seront condamnées, la durée de cette punition, les souffrances des damnés, et le grand jugement dernier.

Comprendre l'enfer

L'enfer, dans la perspective chrétienne, est décrit comme un lieu de séparation définitive d'avec Dieu, un état de souffrance éternelle, de regrets et de désespoir. Jésus lui-même parle de l'enfer avec une clarté frappante.

Dans Matthieu 25 :46, Il déclare : *« Et ceux-ci iront au châtiment éternel, mais les justes à la vie éternelle »* Ce contraste entre le châtiment éternel et la vie éternelle souligne que l'enfer n'est pas une punition temporaire, mais une réalité éternelle à laquelle les âmes impénitentes seront confrontées.

Qui ira en enfer ?

La question de qui ira en enfer trouve sa réponse dans les Écritures. Dans Apocalypse 21 :8, il est écrit : *« Mais pour les lâches, les incrédules, les abominables, les meurtriers, les impudiques, les sorciers, les idolâtres, et tous les menteurs, leur part sera dans l'étang ardent de feu et de soufre, ce qui est la seconde mort. "* Ce verset énumère clairement ceux qui seront condamnés : les pécheurs qui persistent dans leur rébellion contre Dieu, ceux qui rejettent Son appel à la repentance et à la foi en Christ.

Il est crucial de noter que l'enfer n'est pas réservé uniquement aux *"grands pécheurs"* selon nos critères humains, mais à tous ceux qui choisissent de vivre en dehors de la volonté de Dieu. Cette vérité doit nous inciter à une réflexion sérieuse sur nos vies et nos choix. Chaque jour, nous avons l'opportunité de choisir la vie en Christ plutôt que de persister dans le péché.

La durée de la punition

La question de la durée de la punition en enfer est un sujet de débat parmi les théologiens, mais les Écritures sont claires sur un point : ***l'enfer est éternel***. Jésus mentionne ce concept à plusieurs reprises,
Notamment dans Matthieu 13 :50, où Il parle de *« la fournaise ardents où il y aura "des pleurs et des grincements de dents. »*
La nature éternelle de cet endroit est soulignée par l'utilisation du terme "éternel" dans plusieurs passages, indiquant que le jugement est final et sans appel.
Ce concept peut être difficile à accepter, mais il est fondamental de comprendre que la justice divine requiert une conséquence proportionnelle au refus persistant de Dieu. L'enfer n'est pas destiné à être une punition arbitraire, mais un résultat de la séparation volontaire des hommes d'avec le Créateur.

Ce que feront les damnés en enfer

Les Écritures nous donnent peu de détails explicites sur la vie des damnés en enfer, mais elles décrivent un état de souffrance intense et de désespoir. Dans Luc 16 :23-24, la parabole de Lazare et du riche illustre la douleur des perdus :
"Dans l'Hadès, étant en proie aux tourments, il leva les yeux et vit de loin

Abraham et Lazare dans son sein. Et il cria, en disant : Père Abraham, aie pitié de moi, et envoie Lazare pour qu'il trempe le bout de son doigt dans l'eau et me rafraîchisse la langue, car je souffre dans cette flamme."

Ce récit montre que les damnés ressentent une souffrance consciente, un désir désespéré de soulagement, mais il n'y a aucune possibilité d'évasion ou d'espoir. Leurs émotions sont marquées par le regret, la douleur, et une prise de conscience aigüe de leur séparation d'avec Dieu.

Le jugement dernier

Le jugement dernier est le moment où chaque âme se tiendra devant le trône de Dieu pour rendre compte de ses actes.

Apocalypse 20 :11-15 décrit ce jugement : *"Et je vis un grand trône blanc et Celui qui était assis dessus. La terre et le ciel s'enfuirent de devant sa face, et il ne fut plus trouvé de place pour eux. Et je vis les morts, grands et petits, debout devant le trône ; et des livres furent ouverts."* Ce jugement n'est pas une simple formalité ; il est le point culminant de la justice divine, où chaque individu sera jugé selon ses œuvres.

Les résultats de ce jugement détermineront la destinée éternelle des âmes. Ceux dont les noms ne sont pas trouvés dans le livre de vie seront jetés dans l'étang de feu, symbole de l'ultime séparation d'avec Dieu. Ce moment solennel rappelle à chacun de nous l'importance de vivre selon les principes de la foi chrétienne, en cherchant constamment la vérité et la lumière de Dieu.

Conclusion

Ce chapitre sur l'enfer et la punition éternelle n'est pas écrit pour susciter la peur, mais pour nous rappeler la gravité de nos choix. L'enfer est une réalité, une conséquence tragique de la séparation d'avec Dieu. Dieu, dans Son amour, désire que nul ne périsse, mais que tous parviennent à la repentance (2 Pierre 3 :9). Il nous appelle à vivre dans la lumière, à embrasser la vie éternelle offerte par Jésus-Christ, et à être des témoins de Son amour. En réfléchissant à ces vérités, que nous puissions être motivés à partager l'Évangile, à prier pour ceux qui sont perdus, et à vivre chaque jour avec la certitude que notre destin éternel est entre les mains de notre précieux Sauveur.

Printed by Books on Demand GmbH, Norderstedt / Germany